JN410906

차마

버리지 못했던 이름들

서정대표 시선 ● 18

차마
버리지 못했던 **이름들**

초판·펴낸날 | 2013년 8월 25일

지 은 이 | 최수진
펴 낸 이 | 윤송석
편　 집 | 차영미
펴 낸 곳 | 서정문학
등록번호 | 제2012-000061호(2008. 3. 10)
주　 소 | 서울시 성동구 천호대로 366 (미라보타워 911호)
전　 화 | 02-720-3266
홈페이지 | http://cafe.daum.net/seojungmunhak.com
이 메 일 | sjmh11@hanmail.net

ISBN 978-89-94807-22-5 03810
정가 12,000원

최수진 시집

차마 버리지 못했던 이름들

서정문학

이순(耳順)의 세월을 글에 담고, 구겨진 삶의 무게를 모아 첫 시집을 내게 되어 무척 기쁩니다.
아직 문학적 가치는 부족할지라도, 내 가슴 속에 불씨를 살려서 꽁꽁 얼었던 마음을 문자로 노래하며 녹일 수 있는 시인으로 축복해주신 주님께 감사드립니다.
땅속 깊은 곳에 묻혀서 빛을 보지 못한 씨앗이 봄을 맞아 세상을 처음 바라보는 움처럼, 바깥세상으로 조심스럽게 첫나들이를 할 수 있도록 희망과 용기를 주신 윤송석 발행인과 차영미 편집장에게 감사드립니다.
나와 동행하던 희로애락과 골수에 사무치는 사연들을 시라는 그릇에 담아 세상에 내놓습니다. 이 책을 읽는 분들에게 행복한 선물이었으면 좋겠습니다.
그동안 묵묵히 지켜봐 준 사랑하는 가족들과 나를 기억하는 이름들에게도 고맙다는 인사와 함께 안부를 전합니다.

c · o · n · t · e · n · t · s

c · o · n · t · e · n · t · s

2부 창문 안의 또 다른 세상

c · o · n · t · e · n · t · s

3부 그대 머물던 자리

c · o · n · t · e · n · t · s

4부 파도 속에 묻힌 그리움

시평

제1부

계절이 지나가는 소리

가을 속으로

나뭇잎 칭얼대며 떨어지는 소리
손에 잡힐 듯 눈앞에 펼쳐진 계절

푸름을 뽐내던 날이 엊그제 같은데
저마다 이별을 준비하는
가을 속으로 들어가 걸음을 멈춘다.

숲이 하늘이고 하늘이 숲이던 나날
길게 누운 나무들 그림자 속으로 스며드는
계절이 지나가는 소리

길도 없는 길목
잊고 지낸 자신을 깨우며
가슴속 깊이 숨어 있는
그리움 하나 찾는다.

가을의 파숫꾼

잠든 들녘을 바람이 흔들며 기웃거리고
생을 마감한 서러움에 가려진 아우성

청록색 옷들을 다 벗어
황금색 수채화에 담아
그리움을 나누는 시간 속
언제였냐는 듯 뚝 뗀 시치미

황금빛 너울 속에 묻힌 들녘
물결처럼 밀려오는 농부들 풍년가 소리에도

빈손에 허름한 바지
벙거지에 걸린 노을
계절의 헛기침 소리에
숨죽여 자지러진 허수아비

계절이 지나가는 소리

찬 서리에 옷깃을 여미며
긴긴밤 지새울 때
앙상한 가지에 매달려
온몸을 부비던 그대

오늘은
산고의 고통처럼
생명의 밑거름 되어가는
생애의 굴레

보라매공원 분수대
맑은 물 위에
늙은 수양버들
가는 시간을 붙잡고 섰음을 본다.

바람 속에 제 몸을 던져
잔잔한 파장으로
물줄기 따라 꽃무늬 수놓는
그대는
자연의 오묘한 이름
잊을 수 없는 소리.

봄이 오는 문턱에서

설경을 노래하던 자리엔
눈꼬리 흔들며 활짝 웃는 개나리
빗물에 젖은 눈가에
익살스런 바람의 질투가
슬픈 무늬로 그려져 있다.

빗물이 길을 놓은 뜰 앞 웅덩이
늦을세라 세상 나들이 나온
생명들의 들끓는 소리들

젖은 몸을 흔들며
봄을 재촉하는 새들의 날갯짓에
바람도 제 길을 찾는다.

동짓날

문지방을 넘나드는 칼바람 속
묵은 액운 쫓아 보내는
동짓날

계절 뒤로 숨어드는 낙엽처럼
언제 어디쯤에서
또 다른 인연으로 만날지
낮과 밤의 길이가
바뀌어지는 시간 속에서

팥죽 한 그릇에
주눅 든 동장군의 헤픈 웃음

세상사 얽히고설키어 널브러진 일들
문지방, 돌담, 처마 밑 소죽간을 돌아
붉은색 춤사위에
까무러칠 듯 도망가는 낡은 생각들.

세월

언제부터인가 남루한 삶의 무게를
너덜너덜해진 세월로 덮으며
이순의 고개를 넘는 신음소리를 듣는다

달은 별들을 안고
힘겨웠던 노정의 길잡이 되어 주었지

내 영혼의 흔적 찾아
삶의 뒤안길을 들춰보는 사유
앞서가는 계절에

나이테만 잔뜩 그려진
세월 속에 내가 있다.

그대를 그리며

쓸쓸한 겨울 들판에 나를 내려놓는다.
바람소리 흔들고 떠난 자리

그대 등 뒤에 머물던 눈동자
가슴 저리게 비틀거리던 마음 내려놓고
눈가에 젖은 이슬로
쓰다듬는 시간

언 내 가슴에 시어 하나 심어가며
아물거리는 그대 모습을 담는다

열린 가슴으로
지쳐있는 내 영혼에
생명의 불을 켜 준 그대
텅 빈 겨울 들판에
이제 그대를 내려놓네.

눈 내리는 아침

먼 나라에서
하얀 소복으로 찾아와
들녘을 쓸어안고
제 허물인양
모든 것을 덮어버린 사랑

나뭇가지에 걸린
방울방울 햇살에
움츠렸던 땅의 기침소리
뿌연 운무 우산 속으로
숨어드는 아침.

빗속에 저무는 봄

담장에 걸린 장미꽃
연초록 이파리 흔들 때마다
미소 띤 얼굴로
기지개 피는 아지랑이

건너편 산자락에
길을 열어 놓은 오색 무지개는
하늘로 가는 징검다리

사람들 내음

주인을 잃고 방황하는 바람
세상일의 색깔 변해 버린
사람 내음 쓸고 다니면

모기들은 맛 따라
향기 따라
사생결단의 의지로 달려들고

붉은 모기 채 덩달아
춤을 출 때면
빛을 잃어가는 건너편 창가엔
어둠은 총총히 내린다

오고가는 이 없는 텅 빈 공터
날파리들의 세계
벽 언저리마다
아득한 그림들이 무성영화로 비친다.

깊어가는 가을밤에

늦가을 아름다운 노을빛
파도처럼 밀려오면
어둠으로 스며드는 하루

건너편 빌딩 처마 밑에 둥지를 튼 비둘기
빛바랜 향수를 심어주고
귀에 익은 차량들의 아우성이
도시의 밤을 밝힌다

큰 성경
성령의 말씀을
행여 잊을까 마음 조아리며
백열등 불빛 속
멀어져가는 가을 소리를
가슴에 주워 담는다.

봄비

밤새 내린 봄비
창틀 사이 후미진 곳까지
겨울 잠을 깨우고

얼음장 같이 차가움에
떨고 있던 가로등
언제 그랬냐는 듯
활짝 웃으며 온몸으로 젖는다

경이로운 생명력으로
땅속을 비집으며
세상나들이 나선 봄비

활화산처럼 솟아나는
생명의 환희
봄비에 입맞춤한다.

봄소식

잔설이 떠나지 않는 풀섶 사이
조심스럽게
움추린 느린 걸음들

앙상한 가지에 그네를 타던
빛바랜 잎들도
재촉하는 바람 따라 떠다녀도
봄이 낯설지 않은 보라매공원

겨우내 잠들어 있던 잔디가
꿈틀거리는 사이사이
늙은 관리인 낡은 갈고리 빗질 속의
깊어가는 봄

그늘진 담장 아래 숨죽인 잔설 속에
봄은 이렇게 영글고 있네

바람

계절 따라
언제나 방향은 달라도
세월 속에 남겨진 잡다한 모든 것
쓸어 담을 줄 아는 지혜

숲속 나무 사이
주소를 붙여 놓고
제가 할 일 인양
온갖 참견을 다 하는 속 깊은 마음

때로는 화가 난 열기로
거침없이 할퀴고 떠난 자리엔
널린 상처들뿐이지만

언제였냐는 듯 얌전한 새색시로
온몸을 드러내지 않고 떠다니는 너.

매미소리

소나기 지나간 자리 제 몸을 불태우며
아스팔트 뜨거운 호흡 속
몸 지치도록 흔들며 운다.

삼복더위
온몸으로 견디며
예정된 이별을 두고
슬픔에 젖은 울부짖음

그대 가는 길이 그 길이라면
한 생애 삶을 다 내려놓고
눈부신 허공 위에
오색 무지개 길을 열어
또 다른 삶의 길이 있음을 보이거라.

가을 이야기

들썩이는 황금물결
속 깊이 익어가는 과실들이
바람의 친구가 되었다

빛바랜 낡은 적삼에
갸우뚱거리며
바람이 악보가 된 허수아비 춤사위에
화들짝 놀랜 참새 떼

해맑은 구름이
갈대꽃 흰 무리를 빗질할 때
가을은 저만치서 손 흔들며
멀어져가네.

시골집(옛집)

팔면이 바다로 안개 속에 묻힌 옛집
내가 놀던 옛 동산은 갈대숲 속에 숨을 쉬고
노란색 꽃 몽우리 잔뜩 안은 유자나무
옛 친구 만난 듯 나를 반기네

그 옛날 딱지치기하며 놀던 마당은
잡초 속에 숨어 지내고
숨바꼭질하며 놀던
돌담은 허물어지듯 눈 아래 머물러

숭숭 뚫린 방앗간 지붕
허물을 벗듯
녹색으로 뒤집어쓴 양철지붕

우물가 두레박 아직껏 제자리에
옛 향수 머금은 채
녹이 슨 세월을 지우고 있다

소담스럽게 널려있는 들국화
옛 손님 맞으려 활짝 웃는 모습에

이순에 묻힌 세월이 녹아내리며
그 옛날 그 친구들의 이름을 불러 본다.

개발 바람에 출렁이는 내 고향

조막 조막 웅크리고 있는 섬들 사이로
꼬부라진 해안선을 따라
파도에 밀리듯 오고가는 연락선
억센 갯바람에 몸을 기대고

양철 지붕 초가집들
모텔 숲에 가려져 흔적들 감추고
한가롭게 소달구지 털털거리던 길
쓰나미처럼 쓸리는 차량들 뿐이다

물장구치던 냇가 산천도 그대로
소꿉장난 묻은 옛 동산도 그대로
외롭게 떨며
꼬부랑 글씨 출렁이는 낯선 간판들이
지나가는 옛 사람들의 눈동자를 잡는다.

보름달 쥐불놀이

마을 어귀 논두렁에
소나무 잣나무 새끼풀들로 집을 짓고
앞마을 뒷마을 젊은이들이 다 모여
무병장수 소원성취
달집 속에 담아 넣어

활화산처럼 솟은 불꽃 속에
노처녀 시집가고
노총각 장가들게
빌고 또 빌며
꽹과리 치며 흥을 돋우던
옛 시절 길들인 향수 찾을 길 없고

21세기 문명에 자리를 비켜간 옛 동산
개발 바람이 숨바꼭질하며
동네꼬마 손에 잡은 쥐불
실줄에 돌아가는 세상사
옛 동산에 놀던 이들 저 하늘 끝에서
쓴 웃음 짓고 바라들 보리

친구야

바람 속에 묻히어 지낸 친구야
흰 머리카락 날리며
검버섯 미소가
창문 틈 사이로 스며드는 늦가을
햇살 속에 잊고 지낸
너를 깨운다.

갓 잠에서 깨어나 날갯짓하는
비둘기처럼
아름답고 고운 우정들
늦가을 굽이굽이 능선 따라
지나온 삶

살아 가느라
등 뒤에 머물고 있는 너를 모르고
새록새록 더듬는 사유
한없는 갈증 속에
흘러간 옛 이야기처럼 깊어만 가는 우정

제2부

창문 안의 또 다른 세상

메마른 삶

세월 비켜가던 시간은
가슴 조아리며 저울질하던 세월
동지섣달 긴긴밤
메마른 정에 불 지피며
굶주린 말들이
때 묻은 낙서 되어
허공을 달릴 때

삶을 앗아간
질곡의 수레바퀴 속에
가슴을 묶어버린 사연마다
매듭지어진 그리움이
머뭇대는 시어의 고삐를 잡는다

목공장을 떠나며

나무들의 살을 깎아
다른 모양새로 거듭나면
못 생긴 것은 못 생긴대로
잘 생긴 것은 잘 생긴대로
서로의 모습 찾느라 여기저기서 아우성
못 박힌 하루가 또 그렇게 간다.

세월이 가도 풀지 못한
얽매인 올가미들이
굵은 자국을 내며 세상 밖으로 나간다.
끓어오르던 창작의 가슴앓이

내가 만든 모든 것이
한 곳에 머물지 못하고
모난 생각들을 묶고
떠나는 밤이여.

해 넘긴 선풍기

애환 속에 지나온 세월
상처투성이 머리에 청색테이프 날리고
조각난 목 줄기 흔들며
밤새 울부짖으며 뒤적이는 몸놀림

열병에 신음소리가 벽을 타면
스며들던 찬바람이
코웃음치며 손끝을 어루만진다

한 때는 아름다운 몸놀림
활기찬 미소로
옹기종기 모인 곳에 콧노래 우상이던 너도
세월의 뒤안길
빛바랜 사진이 되는구나

어제 본 나를 오늘 본 너를
부여잡은 상처
우린 더불어 가는 인생이네.

자유와 인격이 저당 잡혀

철컹
철문 닫히는 소리에
주저앉고 싶은 가슴은
낡을 대로 낡은 녹슨 철문
세월이 갖다 준 나이다

삐끄덕 철컹
떠나고 없는 이들 숨결이 묻어
닳고 닳은 손잡이의 매끄러움은
지난 시간을 말해주는 데

사람들의 흘린 눈물이 쌓인 문턱엔
쇠가 닳아 잘려나가고
한 겹이 모자라
네 겹으로 꾸며진 창문틀에
떠날 수 없는 압박감에
떠날 수 없는 압박감에
저당 잡힌 자유와 인격이
네 겹으로 뚫려 쌓인 벽 사이에
누워 있다.

창문 안의 또 다른 세상

열린 세상 닫힌 세상
숨겨진 내면의 모습은
보는 이에 따라
또 다른 색깔

닫힌 창문 세상은
여섯 대문 가진 배부른 자들의 동네
어둡고 더 아픈 이야기들이
그늘로 숨어 있다.

손발이 빠른
밤 고양들이 활개를 치는 골목
인생의 계급장인양
온몸에 문신으로 치장한
덜 떨어진 무게들의 형님 소리가
긴 복도 끝에서 되돌아온다.

여섯 대문 빛나는 그 구멍 속엔
온갖 사투를 벌이다
고통으로 범벅이 된 세상이
눈 뜬만큼 보인다.

어느 노숙자를 보내며

꾀죄죄한 얼굴에
검게 고인 눈가에 물줄기
세월 따라 흘려 들어와
몸에 밴 고달픔에 짓눌려진 몰골
삶의 흔적을
벗기고 또 벗기어도
지워지지 않을 가난의 껍질들

머무를 곳 없는 사연을
등에 지고
떠나가는 늘어진 어깨 너머로
방울방울 뿌려지는 슬픔
보내는 이들의 가슴앓이
가는 이보다 더 서럽다.

밤이 너무 길어서

밤이 너무 길어서
꿈속에 취해 내 고향 들녘으로
비릿한 갯바람 섬들 사이로
그 옛날
합덕공장 화천공장 홍천으로 돌고

어릴 적 제기 차기하며 골목길 숨바꼭질하던
옛 친구들과 정담을 나누다
세월의 무게에 짓눌린 주름
억센 턱 수염을 쓰다듬고

정감어린 발길 나누던
관악산, 삼막산, 수락산으로 돌아
우리가 노래하던 청송막걸리집 지나
염불암 그늘진 오솔길을 돌아도

가로등에 걸린 희미한 길잡이
눈꺼풀이 밀고 들어오는 여명에도
비몽사몽 열린 길을 따라가네.

낙서

비둘기 날갯짓으로 열린 아침
첨단 아날로그 배꼽시계로
주린 배 맞추어진 식탁 위에도

젖은 창틀 손잡이에도
손도장 찍은 그들의 흔적
낡은 베개와 담요자락 숨은 이야기들이
시선을 의식하지 않은 채
모두 벌거벗고 있다

세월의 모서리마다
얼룩진 시간을 파고 간 그들의 울림
세 평 반홉 짧은 비명
나는 오늘도
숨죽인 그들의 혼을 담은 낙서를 잡는다.

내가 누구뇨

내가 누구뇨
참으로 황당한 말이다.

자신을 내면의 거울로 바라볼 수 있다면
구겨진 마음
움켜진 마음 다 내려놓고
좌표 없는 인생
그래도 여기까지 잘도 왔다고 해야지

나는 누구뇨
거울 속의 나는 난데
황량한 들판 바람 속에 묻히어 떠돌다 온 것도
세월의 파도 속에 휩쓸려다닌 것도 아닌데
또 다른 내가 나로 서 있네
멍든 자국
길든 습성에 아파도 아프다고
말 못하던 내가 있네

너는 누구뇨
어디서 와서 어디쯤 가는지

고단한 육신
고뇌의 아픔을
한 겹씩 접어가는 너는 누구뇨
누구도 잡을 수 없고 나눌 수 없는 것들
지나온 머물던 그 자리가 그립고 그립구나!

연기가 사라진 공장

연기가 사라진 공장 옛터엔
고요가 야적장을 지배하며
잡초는 들짐승들과 어우러져 집을 짓고
동력이 멈춘 지붕 위엔
바람이 풀씨를 몰고와 숲을 이루었다.

발 빠른 들짐승들의 배설로
꽃을 피운 우거진 잡초더미 속에
바람마저 잠이 든 자리엔
숨가쁜 개미, 지렁이들이
성을 쌓으며 지나간다.

공장 문을 닫고

삼덕계곡 끝자락
소음이 멈추어진 공장엔
꿩 떼가 새벽을 열고

가을비 찬 서리에
몸을 사린 낙엽만이
적막의 띠를 두르고 있다

잡초의 군락으로
발길 묶어진 길섶
색바랜 지붕 위엔
햇살이 서성이고 있다

제품들이 길게 성을 쌓던 야적장엔
끊어진 쇳소리가 이야기로 남아
피 묻은 부리로 허공을 찢던 새 한 마리처럼
피어보지 못한 날갯짓으로
흐린 하늘 눈물 되어 날아간다.

봄은 조금씩 다가오고

별들이 어우러져 열린 길
적막이 옛터에 집을 지으며
봄을 기다리고 있다

넉살스런 삼덕계곡바람
슬픈 사연 몰고다니며
서슬퍼런 동장군 앞에 무릎 꿇던
잃어버린 계절을 얘기하고 있다

살다보면
예기치 못한 일로
어리석음의 울타리를
벗어나지 못한
뼈저린 아픔이 가지에 걸린 하루

그대
빈손에 봉긋한 집 한 채 가져갈 것
먼 훗날
그대가 만든 그 길이 짐이 아니 될는지
계절의 숨바꼭질 속에
봄은 조금씩 다가오고 있다.

희망의 길로 나아가며

어리석은 인연에 묶여 지낸 세월 속
글을 쓸 수 있는 등단의 길 열어
묵은 때 한 올 한 올 뽑아가는 이곳엔,

모순된 삶들의 평가와
더럽고 험한 삶을 걸어온
명예스럽지 못 한 사람들이
문턱을 세우지만

그래도
겸손한 이들이 더 많은 세상
등불이 발길을 밝히듯
희망은 언제나 바라는 자의 것

바닥에서 본 냉혹한 구석에도
따사로운 정오의 햇살은 뿌리어지듯
불신으로 영글어진 서러운 날들도
사랑의 힘으로 절망을 벗어나
희망의 길로 나아가네.

상처

잊을 수도 없는 너의 그림자를
여기쯤에서
지워가며 떠나보내는
산천도 서러워 가슴을 친다

잡초가 바람과 널브러져
녹슨 판넬 지붕 위에 그림을 그리고
사람과 차량들이 붐비던 야적장엔
이름 없는 들꽃들이 주인인 양
떠난 이들 아픈 상처를 쓰다듬는다.

인적마저 끊긴 공터에
어둠을 심어가며 저울질하던 세월
우리 또 언제 만나
기계소음 잠든 계곡을 흔들며
활화산처럼 피어오르는 연기 속에
잊혀진 상처 치유하며
살아갈 수 있을까.

삶의 터전을 비껴 온길

세상사 순간순간을 만들며
흔적 없이 피었다 사라져가는
이정표도 없는 길 나 홀로
걸어온 삶

연기 끊긴 굴뚝엔
담장 넝쿨 잔치
잡초가 주인이 된 공장 옛 터
억새풀 같은 세월 부여잡고
이순의 숨 가쁜 나날 달려 왔던 길
오르막 내리막
땀에 젖은 발자국이 눈물되어
새벽이슬에 젖는다

완도 의료봉사

어둠을 헤집고 길 따라 천해의 바다가 춤을 추는
완도
가시지 않는 새벽잠 뙤약별에 묻어가며
성령 충만, 사랑 충만, 기쁨 충만으로 실천하는
의료봉사

그을린 검버섯 설익은 웃음 속에
몸살을 앓던 충치도 치유의 손길에 녹아내리며
나이테에 찌그러진 글자들
안과 문턱에 밝은 모습 속으로 사라져가고

심장박동 스크린에 춤을 추던 감추어진 속병
내과, 외과 오가며 치유의 손길 속에
숨어 숨 쉬던 가슴앓이
주님의 손길 따라 치유의 은총 받아

비뚤어진 뼈마디 엉키어진 근육들도 카이로 손길에
제자리를 찾아가고
침술에 가신 통증 검버섯 하늘 꽃피어
햇살에 묻어나온 그을린 팔엔 영양 활력소 심어가며

치료에 은총 받고 약봉지 손에 담아
주름 속에 피어나는 성령의 꽃 활짝 피어
밤새워 아스팔트와 씨름하던 시간들
피곤했던 마음도 햇살에 눈 녹듯 녹아내리고

갯바람이 산과 어우러진 천혜의 자연 수목원에
온실 속에 숨을 쉬는 난대 수목원 완도의 자랑.

당신의 기도

당신의 부름 따라
오산리 기도원
좁다란 기도굴

하늘도 가슴으로 다가와
찬양하며 반갑게 인사하는 곳

이순 동안 쌓여온 죄를 회개하며
온갖 우상숭배의 묵은 때
주님의 손길로 씻김 받을 때마다
큰 은혜 속에
흘러내리는 눈물
콧물과 어우러져 강을 이루고
가슴속에 응어리 되었던 해묵은 일들
주님의 따스한 손길에
다 녹아내렸습니다.

시기도 원망도
이제는 제 길을 찾아
걸어가는 기쁨

당신의 눈물어린 간구
기도동산
은혜동산에
잔잔한 미소로 피었다

몇 해를 오가며 뿌린
당신의 기도
빈 수레에 성령의 열매 가득 채우고
새롭게 영글어진 삶의 수레바퀴로
사랑과 믿음의 길을 갑니다

달구고 달구어진 맑은 유리알처럼
아버지 하나님 찬양하며 나아갑니다.

성경책 (나의 길잡이)

인생의 짐들이 너무 무거워
힘들 때
삶이 캄캄해
헤맬 때

거친 폭풍우에 방황할 때도
나의 길잡이 당신

믿음 하나로
성령의 열매
영원한 구원의 문을 열어주신
나의 길잡이

놀라운 비전을 보는 어둠 속에서도
구원의 길로 안내하는 등불
소망 없는 절망에 새 생명 창출하신
나의 구세주

생각, 꿈, 말의 겸손함으로
내 안에 거하신 거룩한 성전

성령의 열매 구원의 길로 인도하여 주신
나의 하나님.

하나님 당신께 감사

갈급한 눈물의 기도
성령 충만의 메아리가
대성전 벽을 타고 흐를 때
나팔꽃같이 활짝 핀
응답의 기쁨

당신의 그 깊으신 사랑이
오늘 여기
참회하는 가슴에
하늘로 열리고
세상 모두가 당신 안에서
너와 내가 아니고
우리 모두 하나가 됩니다

멈추었던 시계가
회개의 시간으로 돌아가면
잠들었던 영혼을 깨워
이순의 묵은 때를 다 벗기시는 당신

성령 충만으로
무릎 꿇으면
슬픔도 찬양이 되는 환희
모든 게 감사 감사입니다.

오산리 기도동산

이마를 타고 내리는
찬바람이
가슴 사이로
비집고 들어와도

기도동산
은혜 동산에 따스함이
찬양의 거름이 된다

숨죽인 눈물어린 기도 끝에
하늘 문이 열리면
살아 있는 모든 것의 찬양 소리가
무릎을 꿇게 한다

황폐하고 거칠던 생각을 다듬으며
교만의 산을 내려놓고
청결한 삶으로
예수 죽음 내 죽음, 예수 부활 내 부활
입술로 찬양하며 바람과 햇살 속으로
은혜가 넘치는 오산리 기도원

우산 속으로 숨어드는 아침

먼 나라에서
하얀 소복으로
소식도 없이 찾아와

세상을 덮어버린
하이얀 사유

실오라기마저 다 벗어 던진 시간에
방울방울 햇살에 목욕하는
눈꽃 웃음들

눈꽃 널린 무지개 속으로
철없는 참새 떼 날개짓하면
움츠렸던 땅의 기침소리에
뿌연 운무 우산 속으로 숨어드는 아침.

제3부

그대 머물던 자리

당신은

가깝고도 먼 당신
어머니도 아닌 누이처럼
흰 머리 잔주름 가슴을 적시누나.

세상에서 가장 가깝고 먼 당신
인생의 뒤안길에서
몸부림치며 살아온 세월

손에 들려 있는 조약돌처럼
어여쁜 제비들 같이
수없이 반복하며 살아온 세월

저만큼 멀어졌다가도
눈 녹듯 가까운 당신이기에
산천초목 이불 삼아
한 무덤에 묻힐 당신.

바람 속에 묻힌 그대

사랑하는 사람아
얼마나 많은 세월이 흘러야
우리 또 만날 수 있을까
입춘도 머물다 떠난 자리엔
눈꽃이 만발하고

그대 목소리 바람과 함께 흩날리며
바람 속에 날려가는 그대 모습 그리워하며
얼마나 많은 세월이 또 지나야
우리
사랑의 굴레에 자유로워질 수 있을까.

푸른 보석 같은 물빛 위에
물안개 흐느적이며
생명들이 올라오는 미세한 들썩임 속에서도
바람 속에 흩날리는 그대 모습 담아
등 뒤에 들려오는 그대 목소리 주워보려
귀 기울이네.

연리지 사랑

낙엽 쓰러진 풀숲에서
바람들의 속삭임으로 몸을 비비다
그대 비운 마음 내게로 와
한 몸 되어가는
숨은 사랑

서로 다른 성숙된 모양새로
내가 비운 마음 그대에게로
그대 비운 몸 내게로 오는
모난 사랑
두 마음 한 몸이 되어 가는 연리지

저녁노을 산그늘에 잠기우고
바람 곁에 도란도란 속삭여가며
눈과 비를 나누며 심술궂은 바람도 달래가며
하늘과 맞닿는 저 높은 곳으로
생의 끝자락까지 동행할 그대와 나

보름달 같은 그대 미소

너울진 달그림자
먼 듯 가깝게 들리는 인경소리

관악산 계곡물에
우리가 남기고간 이야기
바람 따라 속삭이면

별빛 속에 감추어진 그대 미소
달무리지며 활짝 열려
이마를 스치며 지나가는 그대
사랑했노라
전하지 못했던 말 되새기며 간다.

그대 머물던 자리

해맑은 웃음 깊게 피어 머물던 자리
꽈리를 틀며 긴 날 떠돌다
잡을 수 없는 구름처럼 아스라이 사라져도
여전히 그대를 느낄 수 있습니다.

돌아돌아 휘며 가는 바람 끝자락
나뭇잎 하나 바람이 그네 되어
모진 삭풍 앞에
아우성으로 밀려가는 계절

그리움 젖어드는 눈언저리
샘물 솟듯 너울너울 귓전에 맴도는 이야기들
그대 떠난 길섶
뿌리 내린 돌들도 서러워하네.

새가 되어 날아가 보라며

그대를 보내고 떠난 자리엔
봄비가 나직하게 속삭인다.

길모퉁이 공중박스도 젖은 몸으로 속삭인다.
이제는 그만 그대 곁으로 돌아가라며
치유되지 않는 지친 몸을 내려놓으라며

우레 소리 쇳소리 낡은 공장에 희망을 심었던
기계소리 누렁이 울음소리도
다 내려놓으라며

그대 젖은 몸, 눈물 속에 감추어지고
받쳐쓰던 우산 속에 당신의 마음도 젖는다,
하늘가 빈자리 희미한 그대 미소가 젖는다
창문 뒤에 걸린 내 눈망울이 젖는다,

건너편 처마 밑에 비둘기 한 쌍
비에 젖은 날개 온몸으로 부비며 나를 본다.
이제 그만
그대 곁으로 새가 되어 날아가 보라며.

사랑하는 딸에게

수년을 너를 위한 기도가
새로운 생명체를 잉태하여준
깨물어도 아깝지 않는 사랑하는 딸

해맑은 하늘에서 뚝 떨어진 것도 아니고
갑자기 땅에서 솟아난 것도 아니고
10개월 산고 끝에 안아보는 너

서로의 어깨를 맞대도
언제 이렇게 자랐는지
그 많은 세월 속에 너와 묻히어 살아도

고등학교 2학년 대견한 너를
온 세상 무엇과도 바꿀 수 없는
사랑의 선물 잊고 지나온 날들

학교, 학원, 독서실 오고가며
익숙한 길거리와 대화하는 너
오늘따라 차가운 겨울바람이
체감 온도를 떨어뜨리어 너를 생각게 하고

책상 앞에 책과 씨름하고 있는 너에게
한없는 아버지 사랑 전하여 주고
너의 뜻과 꿈이 이루어지는 그날까지
주님이 너와 함께 늘 동행함을 잊지 말거라.

내 마음 그대에게로

이슬 젖은 그대 미소
가로등 불빛에 가리어진 희미한 글씨처럼
마음을 적시며 그대를 담아 봅니다.

사랑했기에 나누는 아픔을

언젠가
우리 또 다른 만남 속에
계절의 지나가는 소리 들으며

밤고양이 울음 을씨년스럽게 다가오던 날
총총히 박혀있는 별들 하나하나에
우리들 이야기 심어갔지

세월의 굴레 속에서도 느끼는 그대 체온
흰 백지 위에 가슴을 내려놓고
오늘도
숨어 숨 쉬던 나를 깨워
그대에게로 다가만 가네.

겨울밤에 쌓이는 그리움

달빛이 이마를 스치는 동지섣달
밤은 하루를 길게 늘어뜨리고
달력의 무게 속에 한해는 저물어
이 세상 끝의 끝으로 밀려와

닫힌 창문 사이로 바람은 구불거리며
의지할 곳 없는 내 영혼, 창가에 머물다
앞산 위에 걸터앉아
별들 하나 둘 점찍으며 헤아려가며

잔잔한 파문으로 다가오는 그리움
활짝 핀 그대 미소
밤새워 쌓여가는 정은
어디에서 와 어디로 갈는지
깊은 밤 귀뚜라미 소리에
젖은 가슴 달래며 가네.

안개처럼 떠난 그대

삼덕계곡 낡은 우물가 서성대는 안개 속
산새들도 가슴을 내려놓고
동면을 깨운 봄날의 햇살처럼
길섶에 도란도란 꽃들도 입을 연다.

겨울이 지나면서 또 다른 얼굴로
풀잎들은 다가와 속삭여 기지개 켜며
땅들의 심술에 주름진 군살 속에
생명들의 들썩임 메아리 없는 침묵으로
내 가슴에 쌓은 낡은 옷들을 벗어내며

봄을 찾는 새들의 날개짓에
풀들은 푸르름 생기를 찾아가고
이미 떠나가 버린 그대 마음은
바람 속에 풀어진 안개처럼
자연 속으로 스며들어가네.

그대에게

언젠가
그대와 나누며 거닐던 길 위에
고즈넉하게 자리 잡은 돌담, 나를 반기고
산그늘 드리울 때
등 뒤에 매달린 저무는 해를 친구 삼았지

훈훈한 봄바람 감싸 안고
겨울바람 온몸으로 받으며
갈대잎 흰 머리카락 바람이 쓰다듬는 일처럼
포근함 안겨주던, 그대를 불러보며

내가 그대를 사랑하는 기다림으로
변해가는 계절의 숨소리 들으며
어디쯤인가 그대도 지나가는
계절의 슬픈 숨소리 들으리라 믿으며

다만
그동안 바뀐 계절의 흔적들 속에
내가 그대를 기다림의 성을 쌓으며
순환하는 계절처럼 나는 그때를 그리며 간다.

빗속에 그대를 그리며

바람에 젖은 빗줄기 흐트러져
뜰 앞 설익은 풀들 파르르 떠는데
귀 기울여 보는 이 아무도 없다.

살그머니 고개 내민 햇살,
생의 한 순간
자생하는 생명들의 긴 용트림
노을에 물든 무지개 속에
하루가 저물어간다.

언제나
그 시작의 처음과 끝 사이에는
살아 숨 쉬는 생명들의 곡예를 보려

비 끊긴 웅덩이엔 잠자리들 자맥질
아직
오지 않는 그대
바람과 함께
지나가는 빗속에 그리며가네.

어느 겨울밤에

밤은 정적에 쌓여 긴 기지개 속으로
살결을 파고드는 어둠은 삭풍에 젖어
낙엽처럼 대지를 휘돌며 지나간다.

사랑은 어둠을 뚫고 찾아가지만
끝도 없는 겨울밤 길목에서
나의 노래, 젖은 눈가에 가리워져

공존하는 계절의 기침소리에
밤은 내일의 연결고리에 묶여
세월의 지나가는 소리 들으며

절절히 쌓이는 그리움 속에
겨울밤은 흩어지고
가까운 사람마저 떠나
바람 속에 메아리 되어 속삭이네.
그대를 사랑했었노라고.

바람

그대는
온다는 소식
간다는
말 한마디 없이
뒤돌아보지 않고
떠나는 홀연한 걸음

때로는 성난 사자같이
때로는 순한 양같이

어디에서 왔다
어디로 가는지
대답 없이
긴 흔적만 남겨두고
미련 없이 떠나가는 그대.

열차여행

열차에 몸을 기댄 채
창밖에 부딪치는 빗줄기 환영 속에
레일 속으로 빠져들어간다.

간이역마다 기적소리에
매달리는 정
네온 불빛들이 손을 흔들며
이별을 노래한다

어둠을 가르는 육중한 굉음
몸부림치는 떨림 속에
한 점 불빛이 되어 달리는 밤열차엔
침묵하는 그대와 동행하며
미지의 세계로
미지의 세계로 여행을 간다.

물이란 참 묘하죠

순하고 부드럽습니다.
변화무쌍합니다.
모든 것을 품고 안으며 가지요.

물이란 참 묘합니다.
참으로 맑고
꾸밈이 없습니다.

담은 그릇에 따라 달라진 모양새
속도 깊습니다.
얼마나 깊은지
담고 또 담아도
넘치지 않습니다.

지하철 속의 풍경들

낯설지 않은 미소들이
내음 짙은 향수들이
뒤섞인 공간

낡은 바지
짧은 치마
유행의 속도가 뜨거운 시선으로
앉아 있는 곳

손가락 유영 따라
들썩이는 지하철
곡사포 날리는 때 묻은 사투리도
삼매경에 양심을 던진 낯설지 않은 얼굴들도
지하철 안내방송에 귀가 열리면
제 길을 가네.

아! 여기가 서울인가

구두 뒷굽에 걸린 바지 그네를 타고
느슨한 허리띠가
제멋대로 뱃살을 더듬으며

짧은 바지
넘실거리는 미니스커트에
넋을 잃은 군상들의
뎃칠한 웃음이 낯설지 않는 곳

숨 돌릴 틈도 없는 간판
유혹만이 지상의 과제라며
벌거벗은 광고들
발 디딜 틈 없는 거리엔
촘촘한 꼬리 속에 사람과 뒤엉켜진 차량들

휘황찬란한 그림들을 쏟아내는
아! 여기가 서울인가.

스마트폰 카톡

당신의 눈과 귀가 손끝에 닿아
여기서 저기로
저기서 여기로
또 다른 이야기를 만들며 주고받은 사연들

비틀어진 글자에 묻어나오는 내음은
오감으로 전달받는 사랑의 씨앗으로
오늘도 열심히 그림을 그리며 가고

세상에 공짜는 양잿물도 먹는다지
수백 번 수천 번 두드리는 소리에
돈의 심장박동소리 멈춘 지 오래.

아서라!
손끝이 망가지랴
스마트폰 자판기가 불이 나랴
눈과 귀가 멍 들겠나
쉼 없이 모난 그림들 날개 달고 날아가는 소리에
세상은 온통 사랑과 행복이 넘쳐나네.

열린 과학도서관

독서 열기가 나무숲을 가리고
가로세로 주인을 기다리는 서적들
긴 침묵 속에 자리를 지키며
행여나 찾아주라 내민 얼굴에
때 묻은 손이 예쁘다

남을 위해
사뿐히 접어가는 발자국 소리
책 속에서 책을 찾아보려는
시선이 뜨거웁다

진리가 숨을 쉬고
깨알처럼 걸린 볼펜심 소리만이
들썩이는 과학도서관

오늘도 그곳에는
책벌레들이
겸허하게 글 속에 묻혀있다.

산과 어우러진 우리

사람들이 흘리고 간 이야기가
땀과 어우러진 등산로
발 뿌리에 멍이 든 돌들도 웃으며
천연색 파도를 타는 관악산

젊음을 심어가며 모난 사랑마저
깔딱고개 거친 숨소리가 되는 능선 길
허리춤에 칼칼한 탁배기 한 잔에
서로 미소 지으며
가슴에 단추를 풀어낸다

정감어린 낡은 등산로
간이주점 너그러움 쉼터에 발목이 잡혀
탁배기 잔 속에
숨을 쉬고 있는 산과 하나 된 우리
그 품에 안겨 변함없는 우정 심어들 가세.

산에서 핀 우리 우정

솔 향에 취한 가슴을 내려놓고
뚝뚝 떨어지는 나뭇잎
낯익은 풀벌레 웅얼거림 속에
깊어가는 우정,

산새들의 익살스런 지저귐도
산과 하나 되어
열린 파장으로 들려오는 그대 목소리,

앞산 하나 뒷산을 밀어내며
우정의 버팀목 되었던
칼바위에 걸린 국기봉 능선 따라
겹쳐진 주름 속에
땀에 젖은 우정들
하산 길에 만난 그 어떤 꽃보다
더 고왔던 가슴과 가슴

염불암에서

삼막산 칼바위 조각난 능선 따라
등산객들의 땀에 젖은 낡은 길섶엔
겨우내 움츠렸던 나무들이
수액의 줄기 따라 눈을 뜨고,

속살 비비는 봄바람에
등줄기 굽어진 매화.
산수유 홍매화 익살스럽게 피어나고

검은 구름 속에
숨바꼭질하는 푸른 하늘이 걸린
삼막산 국기봉
눈썹 같은 초승달이
인경소리 바람 따라
나무와 숲을 어루만지며 간다.

옛 사람의 혼을 깨우며

바람을 안고
땀으로 길 더듬으며
풀 냄새
심호흡 엉키어 올라온 길

길 따라 묻어나오는 이야기속에
마당바위 흐르는 정기
온몸으로 감싸 안았던 시간

발자국들로 다듬어진 길을 피해
덤불넝쿨 어우러진 옛길을 따라
옛사람의 혼을 깨우며
함께했던 그 길엔
들꽃이 이정표로 피어있다

삼막사

진초록 늘어진 솔향기 길을 따라
온몸을 찢어대는 매미들의 찬양소리

점심 공양 불심으로
국수 한 그릇에 인연을 맺은
길게 늘어선 등산객들
바로 수채화 한 폭이다

햇살에 타들어가는 땀줄기
숨을 고르는 등산객들 쉼터엔
꾸김 없는 정으로
가득하다

또 다른 길을 찾아
나누는 이야기 속에
앞서거나 뒤서거나 길 따라
삼막사 인경소리 멀어져가네.

투명하게 다가오는 그대 모습

서로의 가슴을 열어 나누던
마당바위
무거운 침묵에
살며시 떨어지는 땀방울

풀 한 포기
하찮은 돌멩이 하나까지도
자연의 오묘함에
제 자리를 지키고 있는데

오늘도 그대의 긴 그림자 속에
풀어져 나오는 빛바랜 사연,

능선 따라
가슴 속 깊이 묻어둔
언제나
투명하게 다가오는
그대 모습

오대산에 올라 주목과 노래하며

바드득 뽀드득 눈들이 지저귀는 소리
발자국 따라 오대산에 올라
뜨끈한 커피 한 잔에 풀어진 어깨

누구나 한 번쯤 꿈꿔왔을
환상적인 설경

물푸레나무
주목군락지 등에 업고
하얀 무늬 그려진 세월을
노래하며 춤을 추는
오대산 춤사위

바람 따라 얼다 녹은
눈꽃의 연출 속에
나무마다 열린 상고대 천상의 아름다움
첩첩 산줄기 펼쳐지는 웅장함에
가슴 속 깊이 묻힌 세상 속 이야기들
살아 천년 죽어 천년 주목 속에 잠들어 가네.

사랑하는 그대에게

잔잔한 미소로
오늘을 지켜주는 당신이 있기에
너무나 행복하고 가슴이 벅찹니다.

시계는 살 수 있지만
지나가는 시간을 살 수 없네요
지치고 힘들 때마다
어디선가 당신을 위해
기도하고 있는 사람을 기억하세요.

내가 새라면
당신에게 저 푸른 하늘을 주고
꽃이라면 향기를 심어주겠지만
난 인간이기에 당신에게 사랑을 줍니다.

싱그러운 꽃잎처럼
잔잔한 당신의 미소를 늘 함께 담아
먼 날을 사랑하고 싶은 당신입니다.

당신

가을 햇살 가득히
가슴을 적시고
투명한 유리알처럼
당신을 가득 담아 두고 싶습니다

아침에 환한 미소로 다가오고
심신이 고달플 때 떠올리기만 해도
당신은
편안하고 위로가 되는 사람

흐린 날 고개를 들어 하늘을 보며
왠지 햇살같은
당신의 미소가
"사랑한다"는 말보다
가슴으로 찡하게
느껴지는 바다같은 당신

제4부

파도 속에 묻힌 그리움

꿈속에서 뵌 어머님

벌판에 홀로 서 있듯
외로움을 안고 계시던 어머니

눈앞에 본 각기 다른 세월도
모두가 한 길로 가는
목마른 삶의 뒤안길이었던
울 어머니

자식을 앞세우고 가슴앓이 하시던
청결하신 옛 모습에
하고 싶은 이야기 다 못하고 깨어야 했던
꿈속에서 뵌 어머니

못 다한
때 묻은 그 형벌로
꿈을 꾸게 하나 보다.

산다는 것이

용광로 쇳물로 꿈을 키워가며
세상이 좁다며 뛰었지
황무지에 도로 내어 공장도 짓고
잘 나가다 험한 꼴도 보았지
그래도 오래 살려고
종합검진 받았더니
평생의 짐을 지고 가야 할 고혈압
사는 날까지 꼬박꼬박 먹는 행사 되었네

이순의 고개 넘어가면
옛날 같으면 고려장 할 나이
세월도 참 좋아졌지만

오늘은
많은 후회의 성을 쌓으며
뒤돌아본
너무나 짧게 지나간 젊음

지금 확연히 보이는 것이
그때는 왜
그것이 보이지 않았을까

늙어가는 나를 보며

앞만 보고 달려 여기쯤
지나온 발자취 뒤돌아보니
흔적 없는 그림자 같은 것

허우적거리며 바쁘다는 핑계로
살아왔던 거울 속에 나를 보니
어제 본 내가 아니고
주름 속에 검버섯 인생꽃이 되어 웃고

세월 속에 잊혀졌던 그대
사랑한다는 말 한마디 전하려다
황혼의 들녘에 반백의 흰 머리카락
세월 속에 날아가고 있네.

그리움만 쌓이네

달은 소나무 사이에 걸려 있는데
끝도 없는 길목에서
세월의 지나가는 소리 들으며
내 삶의 나이테를 세어 본다

눈가에 어리는 눈물
어리석었던 지난날
목마른 삶의 모습을
절절히 생각하는 밤이 얼마만인가

초저녁달은
기억마저 소각하며
구름 속으로 숨는 밤
흩어진 그리움만 쌓이네.

도배

옛 사람이 머물던 자리
사랑의 노래 부르며 놀던 자리에
낡은 시간을 도배한다

눈물 자국 지우려고
아름답게 그림을 그린다.

한숨 서린 애달픔
빛바랜 벽지에
새 옷을 입히는 시간

삼각연의 긴 꼬리 날리며
사각연의 호랑이상
실에 풀칠하고
앞걸음 뒷걸음질하며
한 해를 보내던 동심의 세계가
무늬마다 숨겨져 있다

새로운 한 해를 맞이하며
도배하는 나의 손길

헌 것을 덮을 때마다
이미 떠난
어머님 손길 느끼며
옛 사람의 흔적을 지운다.

내 가슴 그대에게로

청록색이 황금색으로 치장할 때쯤
그대 곁을 뒤로 한 채
나는
낙엽을 쓸며 떠나갔지

그대는
앙상한 가지에 계절의 흔적만 안고
얼음장 같은 차가움 속에서도
길목에서 그리움에 떨고 있었지

풀내음 향기에 취한 참새 떼 비행소리에
놀란 들고양이 허공으로 헛발질할 때

밀물처럼 밀려오는 노을을 안고
초승달 뒤로
슬그머니 얼굴을 내민
별처럼 활짝 핀 그대 미소가
내 가슴을 적신다

오늘도 글을 쓴다

익숙지 않는 언어로 그림 그리며
이순의 먼 길을 걸어서
여기까지 살아온
표정 없는 넋두리를 주워보려 글을 쓴다.

세상에 없는 귀한 보석들
천지가 개벽할 것 같았던 어리석은 날들
산자락에 걸린 황혼의 그림자를 밟으며
그대와 함께 나누려 글을 쓴다.

미세한 생명들의 움직임에 귀 기울이며
동력이 멈춘 고갯길을 지우며
때 묻은 도배지를 바꾸며
내가 나를 다시 찾기 위해
지난날 흔적을 글로 쓴다.

빈잔 속에 핀 우정

인생의 무게와 함께 넘어온 고갯길
삼막산 마당바위
노을이 앉은 풍경
온갖 시련 멍든 자국이 가소롭다

낡은 등산로 발목 잡힌
흔적을 지우며
바람처럼 떠난 그대 모습 새긴다

열린 마음 내려놓고
마음 나누던 그곳엔
아직도
낡은 순두부 보리밥집
손때 묻은 일그러진 문짝도
찌그러진 대문도 옛 모습 그대로이다

칼칼한 탁사발 한 잔에 왈칵 솟는 그리움
지난날 너와 나는 여기에 머물렀지만
오늘은 빈 탁사발에
그대 모습 담고 있네.

지나온 모래 위에 발자국

이순의 세월
세월 속으로 숨어든 흔적을 쫓아
삶의 무게에 따라
색칠를 다시 해본다.

푸른 들판처럼 펼쳐진 수평선
바람 따라 흔들거리는 풀잎 같은 파도
노을 속에 서로 말이 없다.

바다가 또 다른 큰 산으로
펄럭이며 다가오고
갯바람에 몸을 부비는 파도는
또 다른 지나온 흔적이다

노신사의 세상사

인생이 위장이었더냐
서럽게 자리 잡은 흰 머리카락
듬성듬성 바람이 빗질하며

고희고개 넘어 남을 위한 봉사
조합이란 공동체에 사제를 털어
보금자리 던져준 법의 잣대에

변질된 의리에 제 성질 못 다스려
쌍말들이 날개 돋아 넘지 못할 푸념
삶을 위한 노신사의 마지막 넋두리일까

손바닥과 손등이 또 다른 세상
높고 낮음이 공존치 않는 공동체에
흰 머리카락만 바람에 살아 숨을 쉬고

하늘가에 떠다니는 뭉게구름같이
그저 한 세상 왔다가 배신의 아픔만
가슴앓이하며 떠나가는 나그네일까

노량진 수산시장

갯바람 묻어 있는
활기찬 고함소리가
새벽을 깨우는 노량진 수산시장

딸랑딸랑 방울소리에
손가락의 곡예
돈과 어우러진 숨죽인 생명들이
살아 움직이는 노량진 수산시장

비릿한 사투리
고향 떠난 지 수년 찾아보지 못한 향수에
낯익은 생선 뭉치 덤으로 따라가고

싱싱함 자랑하느라 파닥거리는 등짝에
칼부리 매질에 넋 빠진 광어도
좁다란 수족관에 얼린 잡어들도
사람들이 나누는 이야기 속에
생을 접어가는 노량진 수산시장

물안개 속에 보내는 한 해

세속에 밀리어 허덕이며 달려온 길
멈춘 발걸음 허리 펼 겨를도 없이
물결 흐르듯 어느 덧 세밑

물안개처럼 지나가는 시간 속에
머릿속에 핀 일들은 섐을 이루고
마음은 담기보다 보내기 힘들어하며

담 너머 건너편 산자락 설경 속에
노을에 걸린 한해를 바라보며
미운 정 고운 정 모두 내려놓고

아침햇살 금빛물안개 갈대꽃 어우러져
가는 물줄기 흰 커튼 몽환적이고
고개든 물에 잠긴 나뭇가지 수묵화 그리며
오밀조밀 풍광이 어두웠던 한해 털고 나가네.

시어의 집을 짓고

세월 끝을 잡고 있는
사고들을 끌어모아
살아있는 이서들을
세월의 긴 다리로 놓아 본다
세상 밖이나
세상 안이나
모든 것은 마음먹기에 달린 것

비 가림이 되어주고
쉼터가 되어 주는
단어들이 사고에 따라 춤을 추면

오늘도 떠다니는
말들을 주섬주섬 모아
한 편의 시어의 집을 지어가네.

기다림

올 것 같기도 했는데
새벽까치 지저귐에도
앞산 봉우리 먼 손짓만

부여잡은 시계 바늘
햇살에 타들어가는 소리
기다림만이 출렁이는 오후

그래도 또 기다려 보는

혼탁한 명절 머뭇거리는
차량들 틈새로 행여나 하고
귀 기울이는 마음

바쁘다는 핑계로 소홀했던 만남이
세월의 물결에 흘러 왔음에
아파했던 그대
오늘의 아픔을 뉘 어찌 알았겠노.

허수아비 인생

다시 돌아갈 수 없는 떠나간 일들
너는 나의 지나온 허수아비

손에 잡힐 듯 흩어져간 흔적도
걸어온 발자국마다
밀려온 후회가 창공을 두드리고

세월을 붙잡고 인생을 노래하던
옛 친구 하나, 둘 흔적을 지우며

바람과 햇살이 어우러진 그림자 속에
빛바랜 모자
늘어난 적삼 설익은 과실 매달려

웃고 울고 가는 참새 떼 비행소리에
그저 바라만 보는 나는 허수아비

향수

그리움의 무게를 내려놓고
생각의 긴 터널 밀쳐내면
내 품속에 안겨 떨어지는 한숨소리에
저만치 멀어져간 임이여

바람에 밀려오는
그대의 칼칼한 목소리 노랫가락 되어
파도처럼 굴러다니며 나를 붙잡고

들국화 한 송이 풀잎 속에서
노란 입술 동그란 미소로
창 너머 모퉁이 지난 이들 눈동자를 붙잡아

철따라 나누던 맵시 수채화에 담아
심장박동소리 비비던
울타리 없는 지붕 아래 이야기 심어가던 임이여

망각의 굴레에 빠져
무거워지는 눈꺼풀에 맺힌 이슬
그대 그리는 향수에 흠뻑 젖어 들어가네.

이야기 속에 저무는 하루

나이가 들면서 가지고 다니던 돋보기
콧등에 걸린 무게
어쩌랴 세월이 가져다 준 선물인 걸

조목조목 쭈그러진 좁은 자리에
생활 속의 글을 쓰며
자투리 시간에 명상을 한다.

마포를 손바닥 안에 종횡무진 하던 늙은이
무슨 사연이 그렇게도 많은지
끝이 없는 이야기에 하루가 저물어가고

시간 따라 쌓여져가는
수십 채의 기와집과 탑을 쌓으며
다람쥐 쳇바퀴 돌듯 이야기 속에 저무는 하루

전할 수 없는 이야기

어둠 속에 묻혀가는 수락산
다람쥐처럼 찾던 그 길 위엔
우리의 이야기가 추위에 떨고 있는 밤

이 밤이 지나면 여명이 또 하루를
새로운 삶과 일을 꾸며주겠지
그림자처럼 검게 흔적만 남기고 서 있는 수락산
몇 자 남지 않은 마지막 한해를 접어
가냘픈 편지로 보낸다

미궁의 세계에서 그대를 찾고
쉼 없이 돌아가는 망상 속에서도
그대에 자취를 찾던
나의 노래

모두가 잠든 시간
흔한 연하장 하나 시 한 줄
보낼 수 없는 고독 속에서도
이 시간이 얼마나 다행인지

이 밤도 그대에게 전할 수 있는 이야기를
웅얼거리며 여백을 메워 가고 있소.

파도 속에 묻힌 이야기

바람은 세상일들을 끌어안고
수평선 저쪽에서 긴 파문을 일으키며
숨 가쁘게 달려온 지난날 나를 깨운다

고독과 번뇌에 쌓여
변해가는 바닷가
바람 따라
물결 따라 흐르는
세상의 이치

파도 속에 잠든 가슴
갯바위에 부딪쳐
부서지는 빛바랜 사연들
산모퉁이를 돌아 희미한 그림자 되고

나는 이렇게
부서진 꿈들을 주워
바람 따라 밀려오는 파도 저쪽 너머로
휘어져가고 있네, 내일을 위해.

소식

산천이 내려 앉아 넋을 놓고
하나님도 눈을 가리고 돌아선 날
돌부처도 돌아앉아 졸고 있는 날

아픈 다리 이끌고 병원을 넘나들 때
안부 한마디 전하지 못하고
산이 좋아 산에서
들이 좋아 들에서
그저 잠시 떠나옴같이
내 할 말만 던져놓고
한해가 문턱에 와 있다

누가 누굴 만나서 나누는 인사는
지나온 흔적을 주워 담으려는 아픈 가슴뿐
구름 속에 가려져 보지 못함일까
하늘 넘어 사라져 보지 못함일까
소식이 멈춘 지금

그냥 가는 세월

숨 가쁘게 지나온 세월을 돌아보며
앙상한 가지에 눈꽃 늘어 선 등산로
마당바위 넓은 가슴속으로
옹기종기 모여 눈꽃 속에 숨을 고르네

몇 해가 지나 여기까지
우리는 이렇게 질긴 인연으로
계곡을 따라 널부러진 낡은 등산로
오늘도 또 내일도 그렇게 걷고 있겠지

사람들의 열기가 물씬물씬 품어내는
눈 속에 펼쳐진 막걸리 통에
오글오글 모여 지나온 길 꽃 피우며
그냥 그대로
나는 나를 잊고 모른 체 가고 있네.

가는 세월

푸르름이 잠든 고갯길
황금색 노을은 산허리 감싸고
지나는 이들의 눈동자를 붙잡는다

무거운 발걸음
땀에 젖은 세월 속에
멍든 자국 늘어난
잔주름

앙상한 가지
매몰찬 이야기가
그네를 타면
어깨너머에 들려오는
삶의 무게로 또 한 해가 저물어가네

등 뒤로 들려오는
고독의 노랫소리 들으며
저무는 계절 속으로 빠져 들어가네

세월 속에 흘러가네

그리워 외로워
숨어 지낸 이야기들
은하수 다리를 건너 넘실대는 구름 사이로
낮과 밤이 숨바꼭질하는
하늘의 길을 따라 떠나보내며

가끔씩 속삭이며 밀어주던 정은
노을 속에 담긴 체
바람과 적막이 어둠의 씨앗을 뿌리는 길목에서
사람들이 흘린 말을 따라 또 다른 말로
세상 밖으로 포장되어 쏟아져 나간다

소란스럽게 두들기며 지나온 길
바람과 함께 흘려온 외로움 달래느라
열린 마음 내려놓고 내면의 거울 속에서
또 다른 내가 세월을 재촉하는 것을 보면

해변에 옹기종기 모여 앉은 돌들도
파도와 지나온 정감들도
쌀알 같은 별들의 파도도

애환 속에 들려오는 뱃고동소리 같다
가끔은 지나온 세월을
모두 바다에 버리고 싶다.

시평

인연의 문고리를 잡은 시어들

이훈식 (시인·목사)

시인은 자기만의 독특한 경험과 지식을 통해 인식되는 사물과 그 가치를 언어라는 도구를 사용하여 새 생명으로 다시 태어나게 하는 창조자이다. 그래서 시인은 남다른 독특한 시각과 통찰력을 가져야만 한다. 시인 하이데거는 '언어라는 재료를 가지고 존재의 집을 짓는 건축가가 바로 시인' 이라고 했다. 어떤 소재를 자기의 정서와 음률을 가지고 재조명해 보는 작업이야말로 시인만이 가질 수 있는 특권이다.

최수진 시인의 시를 보면 우리의 정서가 꾸밈없이 내재화 되어 있음을 본다. 자연과 인간을 노래하고 일상에서 놓치기 쉬운 의미들을 아주 소박한 사유로 그려낸 글들을 보면 연륜이 가져다 준 애정 어린 시각을 만날 수 있다. 다른 사람들 같으면 문학을 하기엔 너무 늦은 시기라고 하겠지만 쓰지 않고는 견딜 수 없는 뜨거운 열정이 시어마다 살아 있음을 본다. 늦었다고 여길 때가 가장 빠른 때라는 속담이 생각나게 하는 시인이다. 아직은 좀

어눌한 부분이 있고 투박한 모습도 보이지만 시에 대한 지대한 관심과 사랑이 작품마다 큰 열정으로 나타나고 있다.

길도 없는 길목
잊고 지낸 자신을 깨우며
가슴속 깊이 숨어 있는
그리움 하나 찾는다.

-〈 가을 속으로〉 중에서-

세상사 얽히고설키어 널브러진 일들
문지방 돌담 처마 밑 소죽간을 돌아
붉은 색 춤사위에
까무러칠듯 도망가는 낡은 생각들

-〈동짓날〉 중에서-

문학은 상상력의 소산이라고 하지만 위의 시들은 상상력과 그 사고의 깊이가 깊고 그 폭이 한없이 넓은 연륜에서 얻어진 시어들임을 알 수 있다. 〈가을의 파숫꾼〉, 〈계절이 지나가는 소리〉, 〈그대를 그리며〉, 〈깊어가는 가을 밤에〉, 〈봄비〉 등의 시들도 마찬가지다. 시가 은유와 함축으로 쓰여지지 않으면 그저 말초신경만 자극하는 유행가 가사만도 못 할 수 있다. 창작에 기쁨을 누리는 것에 있어서 나이는 정말 숫자에 불과하다. 오히려

쉽지 않았던 굴곡진 삶 속에서 얻어진 참다운 가치와 한 발자국 떨어져서 바라볼 수 있었던 그 여유로움이 큰 자산이 될 수 있기 때문이다. 하루가 다르게 모든 것이 도시화되고 산업화되는 과정에서 각박해질 수밖에 없었던 인연을 안으로 새기며 크게 욕심내지 않고 살아온 그 경륜으로 쓰여진 최 시인의 시는 시에 대한 애정을 가지고 읽고자 하는 독자들에겐 분명 청량제 역할을 하고도 남을 것이다.

시인의 내재된 사유를 깊이 있는 언어로 끄집어내는 작업이 결코 쉬운 작업은 아니다

활화산처럼 솟은 불꽃 속에
노처녀 시집가고
노총각 장가들 때
빌고 또 빌며
꽹과리 치며 흥을 돋우던
옛 시절 길들인 향수…

-〈보름달 쥐불놀이〉 중에서-

눈앞에 본 각기 다른 세월로
모두가 한 길로 가는
목마른 삶의 뒤안길이었던
울 어머니

-〈꿈속에서 뵌 어머님〉 중에서-

〈시골집〉, 〈친구야〉, 〈산다는 것이〉, 〈늙어가는 나를 보며〉, 〈지나온 모래 위에 발자국〉 등의 시에서 보면 그저 안으로 안으로만 향해 있던 시각을 시어라는 매개체를 가지고 한 번쯤 세상 밖을 바라보며 자기 자신을 객관화시켜보는 작업이었음을 알 수 있다. 문학의 본질 중에 하나는 흐르는 세월 속에 정지된 자아가 아니라 자기 자신을 세워놓고 관조해보려는 그 노력이다. 가슴에 고운 빛깔로 다가오는 최시인의 작품은 그래서 때 묻지 않고 아주 신선하다. 일회적이고 유한적인 삶이란 테두리 안에서 산다는 것이 높고 낮음이 아니요, 많고 적음도 아닌 주어진 환경 속에서 최선을 다한 끝에서 찾아오는 기쁨이 행복이요, 최대한의 가치라는 사실을 진솔한 마음으로 노래하는 시어들이 사립문 열려 있는 고향집 모습처럼 아주 정겹다. 관념적인 사고가 아닌 유유자적 자연을 얘기하고 고통마저 벗 삼아 온 희로애락을 담담히 그려내는 작업을 한 최 시인의 시어들은 첫째 꾸밈이 없고 땀 냄새 흙 냄새가 그윽한 향기로 배어 있다.

세월이 가도 풀리지 못한
얽매인 올가미들이
굵은 자국을 내며 세상 밖으로 나간다
끓어오르던 창작의 가슴앓이

-〈목공장을 떠나며〉 중에서-

놀라운 비전을 보는 어둠 속에서도

구원의 길로 안내하는 등불
소망 없는 절망에 새 생명을 창출하던
나의 구세주

-〈성경책〉 중에서-

심장박동 스크린에 춤을 추던 감추어진 속병
내과 외과 오가며 치유의 손 길 속에
숨어 숨 쉬던 가슴앓이
주님의 손길 따라 치유의 은총 받아

-〈완도 의료봉사〉 중에서-

인간 존재에 대한 근원을 절대자의 이름으로 찾고자 하는 구도자의 모습이 있는가 하면 그냥 운명처럼 받아 드릴 수밖에 없던 굴레들을 손 때 묻은 언어로 스스로를 위로하고 있음도 본다. 〈당신의 기도〉, 〈오산리 기도원〉, 〈하나님 당신께 감사〉 등의 시에서 보면 무신론적 실존주의 작가였던 샤르트르는 '인간은 원래부터 결핍의 존재이며 그 결핍에서 벗어나기 위해 어떤 대상에 대한 지향성을 가지게 되었다.' 고 했지만 최 시인은 인간이 이 땅에 그냥 던져진 결핍된 존재가 아니라 주 안에서 함께 더불어 살아가야 할 근원에 대한 물음을 주 안에서 벌거벗은 모습으로 우리에게 묻고 있다.

시는 은유요, 함축이며 음률이라고 할 때 이 지상에서의 삶이 일회적이요, 유한적임을 알고 철저히 자기를 인식하며 끝없는 연민을 화자로 삼아 시어로 담아내는 작업이 바로 은유이고 함축일 수밖에 없다.

누구든 시를 사랑하고 시에서 기쁨을 찾아낸다면 바로 그 사람이 시인이라고 말할 수 있다.

최 시인이 첫 시집을 내면서 좀 버겁게 느껴지는 부분도 있겠지만 순수한 감정으로 내면을 들여다보며 사물의 이미지를 언어라는 도구를 통해 그려낸다는 것은 아무나 할 수 있는 일은 아니다. 사실 시라는 것은 시적 경험이 어떤 절실함과 만났을 때 터져 나오는 비명이다

모든 사람은 다 같은 공간 같은 시간 안에 살고 있지만 같은 생각 같은 아픔을 가지고 사는 것은 아니다. 얼굴이 다 다르듯이 느낌도 사유도 다를 수밖에 없다. 사랑을 노래하고 그리움을 이야기하며 몸 담고 사는 이 세상을 깨달음으로 바라보는 최 시인의 언어들이 결코 낯설지 않음은 모든 걸 애정을 가지고 바라보는 시각 때문일 것이다.

쇠가 닳고 잘려나가고
한 겹이 모자라
네 겹으로 꾸며진 창문틀에
떠날 수 없는 압박감에
떠날 수 없는 압박감에
저당 잡힌 자유와 인격이
네 겹으로 뚫려 쌓인 벽 사이에
누워 있다.

-〈자유와 인격이 저당 잡혀〉 중에서-

평생에 자기 시집 한 권 가질 수 있다는 것은 명예를 떠나서 살아온 흔적을 한 번쯤 멈춰 서서 되새겨보는 축복이요, 행복한 일이다. 어려운 시기에 태어나 풍족하지 못 한 시간 속에서도 상처의 딱지로 앉은 투명한 기억들을 갈고 닦아 우리 앞에 내놓았다. 〈밤이 너무 길어서〉, 〈연기가 사라진 공장〉, 〈상처〉 등의 시들은 땀 냄새가 나고 모진 환경 속에서도 꽃을 피우고자 하는 끈질긴 잡초들의 순박한 웃음소리가 들리고 온갖 어려움 속에서도 재기의 끈을 놓지 않으려는 강한 몸부림의 언어들이 오히려 옆집 아저씨의 친근한 웃음처럼 다가온다. 기교나 화려한 수사에 머물지 않고 담백한 언어로 창조해 놓은 작업들이 어쩌면 최 시인의 삶이었는지도 모르겠다. 삶의 다양한 경험과 부딪쳐 온 사람의 현실을 자기 안으로 끌어 들인 그 노력이 더욱 돋 보인다.

최시인은 대상의 외연만을 그대로 묘사하기보다는 보이지 않는 존재의 본질에 접근해 보려는 열정이 있다. 우리는 많은 관념과 허구에 시달리며 애증의 소용돌이 속에서 살아간다.

산문과 달리 짧은 구성으로 이어지는 시가 우리의 깊은 감성을 흔드는 것은 시인 자신만의 색깔과 시인 자신만의 호흡으로 상상의 무늬를 그려내기 때문이다. 그래서 시는 시인 자신의 의식이고 반응이다. 이제 막 문단의 첫 걸음 같은 첫 시집을 내는 최 시인의 앞 날에 무궁한 발전과 문운이 함께 따르기를 기원해 본다.

20013년 7월 용인에서 이훈식